Contraste insuffisant
NF Z 43-120-14

Illisibilité partielle

Valable pour tout ou partie
du document reproduit

G. CLÉMENT-SIMON

LE
RÉGIMENT DE TULLE

OFFERT

PAR LA VILLE AU ROI LOUIS XIV

EN 1689

PARIS
HONORÉ CHAMPION, LIBRAIRE
9, quai Voltaire, 9

1901

G. CLÉMENT-SIMON

LE
RÉGIMENT DE TULLE

OFFERT
PAR LA VILLE AU ROI LOUIS XIV
EN 1689

PARIS
HONORÉ CHAMPION, LIBRAIRE
9, quai Voltaire, 9

1901

IMPRIMÉ A CINQUANTE EXEMPLAIRES

N° 12

LE RÉGIMENT DE TULLE

OFFERT PAR LA VILLE AU ROI LOUIS XIV EN 1689

La caractéristique de la ville de Tulle dans un passé lointain et oublié était exactement traduite par son ancienne devise : *In fide et fidelitate semper immota*. Son attachement à la foi catholique, qui ne fut jamais entamé, n'avait d'égal que son dévouement passionné envers la monarchie nationale. J'ai déjà mis en relief dans de précédentes études, cette physionomie qui n'est pas banale, car à travers les péripéties de la lutte séculaire avec l'Anglais, le bouleversement des guerres religieuses, les désordres de la Fronde, il est bien peu de villes qui n'aient pas connu quelques heures de défaillance. Voici une nouvelle preuve de cette féauté qui cherchait toutes les occasions de se montrer.

Personne n'avait entendu parler de ce régiment de Tulle, offert par la ville au grand roi (1). La révélation m'en a été faite par un document dont l'origine mérite d'être signalée. Il provient des papiers de Mirabeau, l'illustre tribun, recueillis par M. Lucas de Montigny, son fils adoptif et même quelque chose de plus.

Ce document, « Etat nominatif du régiment de Tulle » a été

---

(1) Les archives communales de Tulle ont été dispersées ou détruites à la Révolution.

acquis, en 1860, à la vente des collections de M. de Montigny dont les manuscrits et papiers de Mirabeau, en quantité innombrable, formaient la partie la plus remarquable (1) Le marquis de Sauvebœuf, colonel du régiment de Tulle était l'arrière grand-père maternel de Mirabeau. Ainsi s'explique la filière qu'à suivie ce document (2).

La découverte commandait des recherches, notamment parmi les comptes de consuls et les registres de notaires conservés dans mes archives. Elles n'ont pas fourni tous les renseignements que l'on pourrait souhaiter, en particulier, sur les services militaires du régiment de Tulle, mais elles apportent quelques détails qui ont leur intérêt sur l'action généreuse et patriotique de la capitale du Bas-Limousin et la gestion des affaires municipales toujours chargée d'embarras.

La gloire de Louis XIV, après avoir atteint son apogée, menaçait de décliner. La dévastation du Palatinat avait excité le ressentiment de toute l'Allemagne, la chûte de Jacques II ouvrait un conflit avec l'Angleterre ; la Hollande, l'Italie, l'Es-

---

(1) *Catalogue de la collection des lettres autographes, manuscrits du comte de Mirabeau*, etc.; de feu M. Lucas de Montigny... Paris, Laverdet 1860 (2054 n^{os}).

(2) Charles-Joseph de Ferrières, marquis de Sauvebœuf en Périgord, seigneur de Pierrebuffière et premier baron du Limousin à raison de cette seigneurie, seigneur de Chéronnac, Brie, Champagnac et résidant ordinairement en son château d'Aygueperse, paroisse de Saint-Bonnet-Larivière (Haut-Limousin), premier mestre de camp du régiment Dauphin en 1673, plus tard colonel du régiment de Tulle, avait épousé en 1678, Anne de Chouly de Permangle. Une fille Anne-Thérèse fut leur héritière.

Anne Thérèse fut mariée à Charles, marquis de Vassan, brigadier des armées du roi.

De cette union vint une fille, restée unique, Geneviève de Vassan mariée en 1743 à Victor de Riqueti, marquis de Mirabeau. Père et mère de Mirabeau l'aîné, de Mirabeau-Tonneau, de Madame de Lasteyrie du Saillant et autres enfants. La marquise de Mirabeau passa la plus grande partie de sa vie en Limousin dans ses châteaux de Pierrebuffière, Aygueperse etc. Ses deux fils résidèrent assez souvent chez leur mère ou chez leur beau-frère M. de Lasteyrie, au château du Saillant.

V. Loménie, *Les Mirabeau*, t. I et II ; Madame de Mirabeau, par l'abbé Granet, dans le *Bulletin de la Société archéologique du Limousin*, t. XLV, XLVI ; *Mirabeau limousin*, par J. Plantadis.

pagne reprenaient les hostilités, la France se trouvait en guerre avec la plupart des états européens. Pour soutenir le poids de cette grande querelle qui dura jusqu'au traité de Riswick (de 1689 à 1697), il fallut battre monnaie à l'aide de créations d'offices, d'édits fiscaux et même le roi ordonna que toutes personnes possédant de l'argenterie excédant le poids d'une once seraient tenues de la porter à l'Hôtel des Monnaies pour être convertie en espèces. Sa Majesté donna l'exemple en faisant fondre les magnifiques pièces d'argenterie du château de Versailles (1).

Cette situation surexcita le « loyalisme » de la ville de Tulle. Prise d'un bel élan, elle décida de lever à ses dépens un régiment d'infanterie et de l'offrir au roi. Je ne sache pas qu'aucune autre ville de France ait subi un tel entrainement.

La municipalité était alors ainsi composée :

Maire. M. M° Jean Plasse, sieur du Chassain, conseiller aux sièges de Tulle, continué de l'année précédente.

1ᵉʳ Consul : M° Jean du Solier, sieur de la Boudrie, avocat.
2ᵉ Consul : M° Jean Bussières, procureur.
3ᵉ Consul : Damien Lacombe, marchand.
4ᵉ Consul : Pierre Pauphile, marchand.

La délibération fut prise en assemblée de ville le 20 août 1689, suivant la forme accoutumée. On sait que les affaires de la ville étaient traitées dans des assemblées publiques où les citoyens étaient appelés au son des cloches et où chacun avait droit de discussion et voix délibérative.

Il fut donc décidé « d'une commune voix que dans les pressans besoins de l'estat, la ville voulant donner au roy des tesmoignages de sa fidélité et de son zelle lui offriroit la somme de dix mille livres pour estre employée à la levée de huit compagnies d'infanterie ».

La ville ne possédant aucune réserve en argent dont elle

---

(1) Mézeray, continué par Des Limiers, t. XI, p. 287 (Amsterdam, 1734).

pût disposer à cet effet, les maire et consuls étaient autorisés « à aliéner par engagement et par vente les biens patrimoniaux de la communauté » à due concurrence.

Le mouvement était des plus louables, mais la chose était plus aisée à concevoir qu'à réaliser. Les maire et consuls chargés de l'exécution engageaient la ville et sa municipalité dans une entreprise grosse de difficultés et d'ennuis.

Les obstacles se dressèrent sans tarder. Trois jours après la délibération, le procès-verbal « le délibératoire » en fut présenté par le maire à la Chambre du conseil du présidial avant l'audience, afin d'être signé par les officiers qui y avaient pris part. Cette mesure de pure forme rencontra une vive opposition de la part du lieutenant général, chef de la compagnie.

M. Plasse du Chassain, maire et conseiller exposa qu'il avait convoqué l'assemblée des habitants en la manière accoutumée, au son de la cloche, le 21 du présent mois, et fit connaître la résolution prise de donner au roi, dans ses besoins, un témoignage de l'attachement de la ville en lui offrant une somme de dix mille livres destinée à lever un régiment d'infanterie, laquelle somme serait réalisée par engagement ou par vente de partie des biens patrimoniaux. Il donna, du reste, lecture *in extenso* « du délibératoire » et requit messieurs les officiers qui avaient assisté à la délibération de le vouloir signer.

Le lieutenant général, M. de Chabanes, prit la parole et dit que l'Assemblée n'avait pas été régulière. On l'avait tenue pendant une très courte absence qu'il venait de faire. On aurait dû l'attendre pour une délibération de cette importance où il s'agissait de l'aliénation de dix mille livres de biens patrimoniaux. Il déclara qu'il y avait lieu de convoquer une autre assemblée (1).

Le maire répondit que l'assemblée avait été faite et convoquée en la forme ordinaire avec l'autorisation du doyen du présidial, remplaçant M. le lieutenant général, et du procureur

---

(1) Le lieutenant général présidait aux assemblées communales et était chargé de les convoquer. Il se prétendait ainsi « le premier officier de la maison de ville. »

du roi. Il s'agissait du service du roi et l'affaire ne pouvait souffrir aucun retardement. Une nouvelle assemblée serait surérogatoire. Le procureur du roi approuva les déclarations du maire.

Le lieutenant général persista, demandant à convoquer une nouvelle assemblée à laquelle tous les habitants seraient appelés, où la liberté des suffrages serait assurée et où il ferait les remontrances qu'il jugeait nécessaires pour le bien du public et le service du roi. La discussion se prolongea et le maire voyant qu'elle tendait à éloigner la signature du délibératoire et à retarder le service du roi, fit séance tenante rédiger par le greffier du présidial un procès-verbal de la dite séance. Son exposé et ses observations y furent consignés avec les réquisitions du procureur du roi. Le lieutenant général y fit transcrire ses remontrances et cet acte fut signé par toutes parties. La discussion continua, le lieutenant général insista pour la convocation d'une nouvelle assemblée, fit un dernier effort pour entraîner ses collègues, les empêcher d'approuver par leur signature la délibération municipale. Ceux-ci au contraire manifestaient impatiemment la volonté de signer, de témoigner de leur empressement à servir le roi. Le lieutenant général, irrité de cette résistance unanime et perdant son sang-froid, se dirigea vers le greffier qui écrivait, s'empara du procès-verbal et le déchira « avec emportement ». La délibération municipale fut alors signée par tous les assistants et le lieutenant général n'osant pas afficher son opposition dans un acte destiné à passer sous les yeux des ministres signa avec dépit.

Mais le procès-verbal lacéré, fut ensuite rédigé à nouveau par les soins du maire et des magistrats non opposants et nous lui avons emprunté les détails de cette scène qui se prolongea outre mesure, au point que ce jour-là il n'y eut pas d'audience et que les avocats, les procureurs et les parties furent congédiés après une attente de plusieurs heures (1).

Il fut passé outre et le lieutenant général (que l'intendant

---

(1) Pièce de mes archives. Elle est publiée en appendice.

de Bernage devait qualifier plus tard d' « esprit faux et confus et mauvais sujet (1) » en fut pour sa courte honte. L'offre fut transmise au roi qui daigna l'agréer. Cette acceptation créait le lien de droit. La ville avait ainsi contracté une obligation dont l'exécution allait être poursuivie par la voie légale comme la rentrée d'un impôt.

L'étude de la question, l'instruction à laquelle il fut procédé firent reconnaître que les frais de l'organisation du régiment seraient sensiblement plus élevés qu'on n'avait supposé. Le nombre des compagnies fut fixé à neuf et la dépense présumée devoir s'élever à 16,000 livres qui seraient distribuées au colonel et aux capitaines chargés du recrutement. La ville n'ayant pas d'économies en caisse, elle emprunterait cette somme de 16,000 livres et affecterait au service de cette dette 800 livres de ses revenus les plus liquides pour servir l'intérêt à cinq pour cent.

Avant d'avoir le premier sou on s'occupa, comme il est d'usage, de constituer l'état-major, de distribuer les grades et dignités. On y mit du luxe. Pour neuf compagnies on nomma un colonel, un lieutenant-colonel, un major et un aide-major, treize capitaines, quinze lieutenants, un enseigne ou porte-drapeau.

L' « Etat du régiment de Tulle » dressé par le colonel, est daté de 1692 (2), mais le personnel n'avait pas subi de grands changements depuis la création.

COLONEL. Le marquis de Sauvebœuf.
LIEUTENANT-COLONEL. M. des Varennes.
MAJOR. N.
AIDE-MAJOR. Le chevalier de Fénis.

CAPITAINES. MM. de Champaignac.
de Sainte-Fortunade.
de la Coutancerie.

---

(1) Dans son Mémoire sur la généralité de Limoges, dressé en 1698.
(2) V. aux Pièces justificatives.

Capitaines. MM. de Fraysse.
  du Fau.
  de Cercé.
  des Bouchaux.
  de Béchadie.
  de Compreignac.
  de la Valade.
  de Permangle.
  de Lusson.
  de Lambertie.

Lieutenants. MM. le chevalier des Bouchaux.
  de Rochemard.
  de Bellefon.
  de Lavelane.
  Le Bisquort.
  Jaubertie.
  de la Boissière, lieutenant de la colonnelle.
  le chevalier de Jourdain, lieutenant de Champaignac.
  de Lavergne, lieutenant de Ste-Fortunade
  Descombes, lieutenant de la Coutancerie.
  Dupuy, lieutenant de de Fraysse.
  Cléré, lieutenant de du Fau.
  Dudon, lieutenant de Lambertie.
  Saint-Sornin, lieutenant de Permangle.
  Mézière, lieutenant de Compreignac.

Enseigne. M. de Latour.

La plupart des officiers du régiment de Tulle étaient limousins. L'identité des Fénis (1), des Sainte-Fortunade (2), des

---

(1) De Fénis de Laprade, de Lafarge, du Tourondel, famille de Tulle, bien connue. Il y a eu plusieurs chevaliers de Fénis, dans ces diverses branches. Le plus notoire est Martin de Fénis, mort en 1715 commandeur de Chanonac, gouverneur de Bouchain, brigadier général des armées du roi. L'aide-major du régiment de Tulle doit être plutôt Antoine de Fénis du Tourondol, lieutenant au régiment de Picardie en 1689.

(2) Messire François de Lavaur, chevalier, seigneur de Lagarde et Sauzès. Il signait Lagarde de Sainte-Fortunade. En 1708, il était

Compreignac (1), des Permangle, des Béchadie, des Rochemard (2), des Lambertie (3), des Fraysse (4), est facile à déterminer. Les noms de Champaignac, la Coutancerie, Bouchaux, la Valade, Lusson, Jaubertie, la Boissière, Lavergne, des Combes, Saint-Sornin, ont leur physionomie du terroir (5). Ces noms de fief sont très communs dans la région, c'est même ce qui empêche de mieux préciser la personnalité de ceux qui les portaient.

Le recrutement des soldats devait, aux termes des ordonnances royales, être fait directement par les officiers. A cet effet, la ville avait alloué à chaque capitaine chargé de recrue une somme de mille livres et au colonel cinq mille livres. En réalité, les enrôlements étaient faits par des sergents racoleurs et l'on sait à quels abus et à quels excès ils donnaient lieu.

Des affiches étaient apposées sur les murs de la ville et des bourgs voisins. On y lisait :

RÉGIMENT DE TULLE

DE PAR LE ROY

Brillante jeunesse, la Patrie ne connaît ses enfants que lorsqu'ils se dévouent à son service. La défendre, lui être utile, fournir des héros, sont des motifs qui doivent l'emporter sur toute autre considération.

---

lieutenant-colonel reformé du régiment de Tulle (Pièce de mes archives).

(1) Mathieu Benoît, seigneur de Compreignac, près Bellac.

(2) Tous trois du nom patronymique de Chouly de Permangle, illustré vers cette époque par Yrieix de Chouly, seigneur de Permangle, etc., qui servit avec distinction dans les guerres de Hollande et de la Fronde. Proches parents du colonel.

(3) Jacques, comte de Lambertie, major et capitaine au régiment de Tulle, de la branche de Marval. *Nobiliaire de Nadaud*, t. II, p. 429. Généalogie Lambertie.

(4) Le capitaine de Fraysse, se nommait François de Saint-Georges, seigneur de Fraysse, paroisse de Berneuil, près Bellac. *Nobiliaire de Nadaud*, t. II, p. 301. Généalogie Saint-Georges.

(5) Les capitaines Videau de Champaignac et de Lusson étaient parents des Permangle et des Lambertie. V. *Nobiliaire de Nadaud*, art. Permangle et Lambertie.

Amis, ceux d'entre vous qui désirent suivre une si honorable route peuvent s'adresser avec confiance à M. ... officier au dit régiment qui donnera toute satisfaction au mérite et au talent. Il ne demande que des hommes de bonne volonté.

Ceux qui lui procureront de beaux hommes seront généreusement récompensés.

Il prend les hommes de la taille de cinq pieds et un pouce et demi, jeunes et en espérance de grandir.

Mais c'est surtout dans les tavernes ou les réunions populaires que les sergents et leurs acolytes faisaient les enrôlements. Au jeune paysan, au jeune ouvrier on faisait briller les agréments de la vie militaire, on l'excitait par des libations et l'offre de quelques pièces de monnaie. Il acceptait. Deux témoins dont la présence n'était pas due au hasard, constataient par leur signature la remise de l'argent et le contrat était conclu. On avait un soldat pour quelques verres de vin et deux écus neufs. Voici la preuve (1) :

Aujourd'huy treizième décembre mil six cens quatre vingt onze, heure de six du soir, le nommé Damian Mensat, fils à Martial, chapellier de la présant ville, paroisse Saint-Pierre, d'une grande taille, cheveux abattus, noirs, et visage long, s'est enrollé volontairement pour servir en qualité de soldat dans la compagnie de M. de Sainte-Fortunade, du régiment de Tulle, et a receu pour son engagement deux escus neufs en présence des soubz signés, lequel a déclaré ne scavoir signer.

PESCHIEL, présant. DUVAL, présant. MÉRIGONUE, sergent.

La somme allouée par la ville ne permettait pas d'ailleurs d'être beaucoup plus généreux. Admettons que les compagnies ne dussent être que de cinquante hommes (le minimum). La somme de 16,000 livres devait pourvoir au recrutement de 450 soldats, prime d'engagement, habillement et armement. C'est moins de 40 francs par homme, mais il y avait des enrôlements gratuits et le roi venait en aide pour les armes et pour les habits.

---

(1) Pièce de mes archives.

La ville ne trouvait pas de prêteurs et les maire et consuls faisaient de vains efforts pour que le recrutement pût avoir lieu. Il semble que le roi, pour y aider, avait autorisé un impôt de deux mille livres sur toute l'élection ; mais cette mesure n'avait pas produit de résultat. C'est ce qui résulte d'une requête présentée vers la fin de l'année au roi, en son conseil, par les habitants de Tulle.

Ils exposent que leur plus forte passion est de satisfaire les officiers qui se sont chargés de lever les neuf compagnies d'infanterie que la ville doit mettre sur pied pour le service de Sa Majesté et qu'à cet effet ils ont cherché par tous les moyens possibles à trouver les fonds nécessaires et ont présenté requête au Conseil pour obtenir des contraintes contre les maire et consuls qui ont diverti les deniers provenant de l'imposition de deux mille livres faite sur toute l'élection. Mais comme jusqu'à présent ils n'ont pu tirer aucuns deniers par ce moyen, quoique dans la dite ville il y ait des gens en état de fournir les sommes nécessaires, ils requièrent qu'il plaise à Sa Majesté ordonner que la ville mettra en adjudication huit cents livres de rente de ses deniers patrimoniaux et, au cas qu'il ne se trouve pas d'adjudicataire, que huit des principaux habitants seront tenus de faire l'avance de la somme de seize mille livres pour les intérêts de laquelle ils jouiront des huit cents livres de rente jusqu'à leur remboursement.

On voit que déjà les maire et consuls étaient pris à partie et que les habitants (c'est-à-dire un groupe d'entre eux, probablement assez restreint) portait contre la municipalité une accusation qui pouvait lui causer de sérieux désagréments. Nous n'avons pas à insister sur cette imputation qui ne reposait, sans doute, sur aucun fondement et dont nous ne connaissons pas la suite.

Entre temps, au mois de décembre, les maire et consuls de 1689 avaient dû laisser la place à leurs successeurs, ce qu'ils firent sans regret. La nouvelle municipalité fut ainsi composée :

Maire : M. Me Jean du Solier, sieur de la Boudrie, avocat à la Cour ;
1er consul : M. Pierre de Fénis, sieur de Peyrafort, bourgeois ;
2e consul : Me Jean Bussières, procureur, continué ;
3e consul : Jean Levreau, marchand ;
4e consul : Géraud Mouret, marchand.

Ceux-ci prirent la suite de l'affaire du régiment et en sentirent bientôt le poids. Le Conseil d'Etat rendit le 27 décembre 1689 son arrêt sur la requête ci-dessus résumée.

Le roi en son Conseil ordonna que par le sieur Jubert de Bouville, intendant en la généralité de Limoges, il serait engagé et aliéné à ceux des habitants de la ville de Tulle et autres qui se présenteraient et voudraient avancer la somme capitale de quatorze mille quatre cents livres, huit cents livres de rente des biens patrimoniaux de la dite ville, dont les prêteurs jouiraient par préférence à tous autres jusqu'à leur remboursement (1).

En conséquence, l'intendant rendit, le 11 janvier suivant, une ordonnance fixant l'adjudication au 30 janvier et convoquant à cette date, en son hôtel à Angoulême, tous ceux qui voudraient se porter acquéreur des dites rentes.

Mais les bailleurs de fonds ne s'empressaient pas et le maire comparut seul à Angoulême et demanda le renvoi de l'opération au 4 mars, afin de donner aux habitants plus de facilité de se procurer de l'argent.

L'intendant accorda le délai tout en déclarant au maire qu'il ne pouvait pas attendre jusque-là pour ordonnancer le pa[ie]ment des sommes promises aux capitaines et par eux réclam[ées] pour le service du roi. Le maire s'arrangerait pour utilis[er le]s premières sommes disponibles de la part des prê-

---

(1) L'évaluation de la contribution de la ville était réduite et le taux de l'intérêt augmenté, mais cela fut encore changé.

teurs, faire attendre les capitaines, leur donner des acomptes (1).

Et, en effet, les sommations aux maire et consuls commencèrent à pleuvoir en vertu d'ordonnances de l'intendant.

Le 9 février, un marchand de Limoges, délégataire du capitaine de Champaignac, réclame par ministère d'huissier la somme de mille livres due à ce capitaine pour la levée de sa compagnie et ordonnancée par l'intendant le 31 janvier. Les maire et consuls sont obligés de payer.

Le 10 février et par la même voie, même réclamation du capitaine de Fraysse et, le 13 février, du capitaine de Sainte-Fortunade, qui obtiennent aussi satisfaction.

Les maire et consuls, à grand peine, s'étaient procuré quelques fonds dont ils avaient pu disposer.

Le 14 février, les administrateurs de l'hôpital avaient prêté à la ville une somme de deux mille livres, immédiatement versée, avec faculté de l'employer à satisfaire les capitaines (2). Quelques particuliers avaient suivi cet exemple.

Le 4 mars, le maire se présenta de nouveau devant l'intendant, à Angoulême, porteur cette fois du pouvoir de divers habitants, y compris les administrateurs de l'hôpital, pour souscrire à l'emprunt de la ville. Ces procurations s'appliquaient à une somme de huit mille deux cent quarante-quatre livres quatorze sols six deniers, emportant l'aliénation de quatre cent douze livres cinq sols deux deniers de rente à prendre au prorata des souscriptions. Les administrateurs de l'hôpital, créanciers de deux mille livres, percevraient pour intérêts une rente annuelle de cent livres due par l'évêque à la ville (nous aurons à revenir sur ce point), les autres prêteurs seraient servis sur le revenu des étaux de boucherie appartenant à la ville.

La somme nécessaire, fixée à cette date à treize mille cinq cents livres, n'était pas souscrite en entier : les maire et con-

---

(1) Pièces de mes archives.
(2) *Ibidem.*

suls n'avaient pu faire mieux. L'Intendant s'empressa cependant de prononcer l'aliénation des rentes afférentes aux sommes prêtées, dont le maire était en possession (1).

La ville put continuer de faire quelques paiements. Le colonel réclamait les cinq mille livres qui avaient été ordonnancées le 1ᵉʳ mars en sa faveur ; il dut se contenter d'un acompte de trois mille livres qui fut payé le 9 mars. Mais son fondé de pouvoir Jean-Chouly, seigneur de Rochemard, lieutenant au dit régiment, protesta le même jour, par acte notarié, contre cette inexécution de l'ordonnance, déclarant rendre responsables les maire et consuls de la prolongation indéfinie de son séjour à Tulle et du retardement dans le départ du régiment. Les maire et consuls répondirent qu'ils promettaient de payer incessamment, dès qu'ils auraient deniers suffisants, ce à quoi ils travaillaient sans discontinuer, conformément aux ordres de Monseigneur l'Intendant (2).

Le 20 mars, ils furent encore sommés par les cessionnaires du capitaine Vigier de la Tour Durfort. Outre la somme de mille livres, ces ayant-droit, marchands d'Angoulême, réclamaient les frais de voyage de leur fondé de procuration et les frais du séjour qu'il ferait à Tulle, sans désemparer, jusqu'à ce qu'il eût obtenu paiement. Les maire et consuls avaient été autorisés, par arrêt de Conseil du 4 février, à prendre certaines sommes dont le sieur Pierre David, commis à la recette des tailles pour l'année 1688, était resté débiteur. C'était encore un don du roi qui comprenait que la ville s'était engagée au delà de ses forces et voulait la tirer d'embarras (3). Ils exposaient qu'ils allaient contraindre le sieur David à se libérer au besoin par établissement de garnison dans sa maison, mais les réclamants persistaient, déclarant qu'ils séjourneraient dans la ville jusqu'à parfait paiement,

---

(1) Pièces de mes archives. V. aux Pièces justificatives.
(2) *Ibidem.*
(3) Seize mille livres de l'époque représentent environ quatre-vingt mille francs d'aujourd'hui, somme énorme pour les petites ressources de la ville. Nous avons les actes dans lesquels cette manutention des deniers de provenances diverses est indiquée, mais nous négligeons ces détails arides.

aux frais et dépens des maire et consuls et protestant de tous dépens, dommages et intérêts.

Cependant, les maire et consuls craignant d'être tenus personnellement des frais et dépens pouvant résulter de cette mise en demeure, prirent des mesures radicales. Ils agirent de rigueur envers le sieur David et exercèrent contre lui la contrainte par corps. Ce comptable capturé, ils trouvèrent un prêteur qui, substitué à leurs droits, considéra sa créance comme parfaitement assurée. Le sieur Martial Meynard, bourgeois et marchand, leur prêta la somme de mille livres qui fut immédiatement comptée aux ayant-droit du capitaine Vigier (1).

Les sommes souscrites le 4 mars, les secours accordés par le roi ne suffisaient pas à mettre le régiment sur pied. D'autres emprunts furent faits, et s'il faut en croire certains documents, on pouvait les qualifier d'emprunts forcés.

En 1693, lorsque cette affaire n'était pas encore complètement liquidée, dans une assemblée de la maison de ville, un sieur François Eyrolles, procureur, se plaignit de ce que l'offre du régiment au roi en 1690 avait été faite contre le gré de la communauté et que les habitants n'avaient prêté que par contrainte, l'argent nécessaire à la ville.

En ce qui le concernait, il déclarait « qu'on l'avait obligé de prêter par force, ayant reçu un logement de cavaliers chez lui. » (2). Le sieur Eyrolles avait prêté 60 livres, il n'est inscrit parmi les créanciers de la ville, du fait du régiment, que pour trois livres de revenu. C'est là, évidemment, un ressouvenir de l'opposition du lieutenant général.

La créance des administrations de l'hôpital donna lieu à un litige en justice réglée. Le service de cette dette de deux mille livres était, nous l'avons dit, assuré par la délégation d'une rente annuelle de cent livres due par l'évêque à la ville.

---

(1) Pièce de mes archives.
(2) Procès-verbal et enquête par le subdélégué de l'intendant, le 9 novembre 1693, au sujet de cette déclaration du sieur Eyrolles, formulée en assemblée de ville. Pièce de mes archives.

Cette rente désignée sous l'appellation de « prébende préceptoriale » représentait la contribution de l'évêque à l'enseignement public que la ville avait pris à sa charge. Durant les troubles de la Fronde, la ville dépensa plus de soixante mille livres pour le service du roi, ce qui la mettait dans l'impossibilité de faire vivre son collège et d'assurer le service de l'instruction publique. Le roi, suivant l'exemple de ses prédécesseurs, secourut cette ville fidèle, assura le fonctionnement du collège sur le produit des tailles de l'élection. Cette libéralité, qui n'était qu'une mesure d'équité, laissait intacte l'obligation de l'évêque. Humbert Ancelin, « l'évêque de lait », après que cette rente eût été cédée à l'hôpital, s'avisa de prétendre que la prébende préceptoriale, n'étant plus appliquée à l'entretien du collège, n'était plus due. Il y eut procès qui fut porté au Grand-Conseil, dura des années. Finalement, l'évêque perdit cette mauvaise cause, mais le service de la dette de la ville resta quelque temps en souffrance (1).

Cette opération hasardeuse se termina mieux qu'on ne devait l'espérer. Comme en 1650, la ville avait voulu venir en aide au roi, le roi lui vint en aide à son tour. Cet échange de bons services restait dans la tradition depuis les premiers Valois. C'était de bonne justice et de bonne politique de la part de la royauté. Nous ne grossissons pas les choses en faisant ressortir cette bienveillance, paternelle peut-on dire, d'une part, cet attachement filial de l'autre. Les faits sont là. Charles V, Charles VI, Charles VII, François Ier, Charles IX, Henri II, Henri IV, Louis XIII, Louis XIV... donnèrent des témoignages positifs d'intérêt à la petite cité. Henri IV lui avait fait d'abord beaucoup de mal... depuis, il fut un bon et grand roi, mais alors il n'était qu'un prétendant, fauteur de guerre civile !

La ville devait emprunter 16,000 livres. D'après les comptes des consuls et autres pièces sa dette ne dépassa pas

---

(1) *Histoire du Collège de Tulle*, p. 78, 133. Humbert Ancelin était frère de lait de Louis XIV. Il eut été aussi bien nommé « évêque de vinaigre » pour son caractère, son langage, son esprit processif et vindicatif. *Ibidem*.

10,000 livres. Le compte de 1693 établit que la ville ne paye aux rentiers dénommés qui ont prêté pour le régiment qu'une somme de 263 livres 14 sols de revenu représentant un capital de 5,274 livres 14 sols (1). La somme de 2,000 livres due à l'hôpital reste en dehors. Dans cet allègement de la dépense et cet amortissement de la dette, la main du roi se laisse voir.

Après l'histoire financière du régiment de Tulle, son histoire militaire serait bien placée. Eut-il une longue et glorieuse carrière ? Fut-il simplement employé à un service d'ordre dans l'intérieur ou eut-il l'honneur de faire connaître son nom aux ennemis ? Servit-il sous Catinat en Italie, sous Noailles en Catalogne, ou avec Luxembourg et le roi lui-même dans les Flandres ? Etait-il à Fleurus, à Mons, à Namur, à Neerwinde ? Un autre pourra faire ces recherches qui ne sont pas, actuellement, à notre portée. Nous avons voulu, uniquement, réveiller des souvenirs locaux, montrer l'esprit qui animait nos devanciers, raconter quelques incidents de la vie municipale, moins vide, moins placide qu'on ne le croit généralement, ajouter ainsi une page assez curieuse à l'histoire civile de Tulle, encore fort peu connue

---

(1) Pièce de mes archives. D'après le compte consulaire de 1693, plusieurs créanciers en vertu de l'adjudication du 4 mars 1690, auraient été remboursés et la ville aurait diminué sa dette environ d'un millier de livres.

PIÈCES JUSTIFICATIVES

I. — Procès-verbal des incidents qui se sont produits en chambre du conseil du présidial au sujet d'une délibération du conseil de ville de Tulle, portant offre d'un régiment au roi.

(Du 23 août 1689)

Aujourd'huy vingt troisiesme aoust mil six cens quatre-vingt neuf, heure de huit du matin, dans la chambre du conseil du présidial de la présant ville de Tulle, où estoint assemblés messieurs les officiers soussignés pour tenir l'audience séneschale, monsieur Plasse du Chassain, aussy conseiller au dit siège et maire de la présant ville, a dit qu'ayant convocqué l'assemblée des habitans en la manière accoustumée le vingt du présant mois il y auroit esté délibéré d'une commune voix que dans les pressans besoins de l'estat, la ville pour donner au roy des tesmoignages de sa fidélité et de son zelle lui offriroit la somme de dix mille livres pour estre employée à la levée de huit companies d'infanterie et que pour faire le recouvrement de cette somme les sieurs maire et consuls pourroint alliéner soit par engagement ou par vente les biens patrimoniaux de la communauté, comme il est porté par le résultat de lad assemblée dont il a fait faire la lecture et requis messieurs les officiers qui y avoint assisté de le vouloir signer. Sur quoi monsieur Chabanes, lieutenant général, a pris la parole et dit au sieur maire que l'assemblée avoit esté faite clandestinement, sans avoir convocqué les habitans au son de la grand cloche, que n'ayant esté absent que peu de jours on devoit l'avoir attandu pour une délibération si importante et où il s'agissoit de l'aliénation d'une somme de dix mille livres, et qu'il falloit convocquer une autre assemblée ; à quoy le sieur maire a répliqué que l'assemblée avoit esté faite et convocquée en la manière ordinaire et autorizée en son absence par la présence de monsieur de Larue doyen du présidial, et de monsieur le procureur du roy et qu'il n'y avoit pas lieu d'en convocquer une seconde d'autant qu'il s'agissoit du service du roy et que l'affaire ne pouvoit souffrir aucun retardement. Sur quoy monsieur le procureur du roy ayant adhéré à la remonstrance du sieur maire, monsieur de Chabanes, lieutenant général, l'a interpellé de déclarer quelle qualité il avoit pour faire une semblable réquisition ; à quoy ayant respondu qu'estant procureur de Sa Majesté et s'agissant de son service, il le sommoit qu'il eust à déclarer précizément s'il s'opposoit à l'exécution du résultat de lad. assemblée dont on venoit de faire la lecture; et led. sieur de Chabanes, lieutenant général, a persisté comme cy-dessus, en disant que l'assemblée n'avoit pas esté convocquée au son de la grand cloche et qu'il en convocqueroit une autre si on vouloit la requérir, dans laquelle tous les habitans seroint appelés, que la liberté des suffrages y seroit conservée et qu'il y feroit les remontrances qu'il jugeroit nécessaires pour le bien du publiq et pour le service du roy, que s'agissant d'une aliénation de dix mille livres des biens de la communauté il estoit de son interest et du devoir de sa charge, comme estant le premier officier de la maison de ville, à prendre garde et empescher qu'ils ne fussent alliénés mal à propos, et après plusieurs autres contestations de cette nature le sieur maire voyant que cella tendoit à esloigner la signature du susd. délibératoire et à retarder le service du roy, a cru pour le devoir de sa charge qu'il estoit expédient de rédiger par escrit ses remontrances et interpellations, ce qui ayant esté fait sur le champ par le greffier du présidial, après les avoir signées, led. sieur procureur du roy a aussy fait rédiger les siennes lesquelles il a aussy signées; led. sieur lieutenant général a pareillement fait escrire les siennes dans le mesme sens que dessus, lesquelles il a signées; et après plusieurs répliques respectives rédigées et signées, led. sieur lieutenant général voyant qu'aucun des sieurs officiers qui estoint présans ne vouloint adhérer à ses sentimens et qu'au contraire ils tesmoignoint desja de l'empressement à signer le susd. délibératoire, il a encore fait des nouvelles instances pour la convocquation d'une seconde assemblée et parce qu'il a veu ne pouvoir ramener aucun de messieurs les officiers à son sentiment, qu'ils persistoint tous à vouloir le signer pour ne pas retarder plus longtemps le service du roy, il s'est aproché du bureau où le greffier escrivoit et s'estant saisy du procès-verbal que les sieurs maire et procureur du roy avoint dressé de leurs sommations et de ses responses il l'a deschiré avec emportement, après quoy il auroit signé le susd. délibératoire; et parce que les contestations ont consommé un temps fort considérable, les advocats, procureurs et partyes qui attendoint l'ouverture de l'audience ont esté congédiés et renvoyés à un autre jour. Et d'autant que le sieur maire a interest que la droiture de sa conduite et le zelle qu'il a avec le reste des habitans paroisse aux yeux du publiq et qu'il croit aussy qu'il est de son devoir et de l'interest du service du roy d'advertir nos seigneurs les ministres et monseigneur l'intendant de la province de ce qui s'est passé dans cette assemblée et pour une occasion de cette conséquence, pour prévenir les suites que de semblables difficultés peuvent causer dans l'esprit du peuple, il a de tout cy-dessus dressé le présent procès-verbal et requis les sieurs officiers qui estoint présans de vouloir en attester la vérité avec luy et a signé. DE PLASSE DUCHASSAIN, maire.

Sur quoy les sieurs officiers soubsignés après avoir entendu la lecture du procès-verbal cy-dessus, l'ont attesté véritable et ont signé : Dupuy, lieutenant. — De Lacombe de Fénis, procureur du Roy. — Melon, conseiller. — Rivière. — Melon, advocat du Roy. — Fraysse de Viane, conseiller. — Deval, conseiller. — Du Bal, conseiller.

II. — Arrêt du Conseil d'Etat, sur requête des habitants de Tulle aux fins d'aliénation de biens patrimoniaux de la ville pour la formation du régiment de tulle. — Ordonnance de l'Intendant de Limoges ensuite de cet arrêt.

(27 décembre 1689, 4 mars 1690.

Extrait des registres du Conseil d'Estat.

Sur la requeste prézantée au Roy en son conseil par les habitants de la ville de Tulle, contenant que leur plus forte passion estant de se mettre en estat incessamment de satisfaire les officiers qui se sont chargés de lever les neuf compagnies d'infanterie que lad. ville doit mettre sur pied pour le service de Sa Majesté, ils ont cherché tous les moyens possibles de trouver les fonds nécessaires et pour cet effet ils ont mis en vente partie de leurs biens patrimoniaux, et ils ont présenté requeste au conseil pour obtenir des contraintes contre les maire et consuls qui ont diverti les deniers provenant de l'imposition de deux mille livres faite sur toute l'élection ; mais comme jusques à prézant ils n'ont pu tirer aucuns deniers par ce moien, quoique dans lad. ville il y ait des gens en estat de fournir les sommes nécessaires et qui veulent réduire le reste des habitans à demander une imposition par capitation, parce que jusques à prézant ils ont trouvé le moien de s'en exanter ou d'y être si médiocrement imposés qu'à peine ils s'en sont aperceus. Requérant qu'il pleut à Sa Majesté de leur permettre d'aliéner jusques à huit cens livres de rente de leurs deniers patrimoniaux et en cas qu'il ne se trouve pas d'adjudicataires ordonner que huit des principaux habitans feront l'avance de la somme de seize mil livres pour les intérets de laquelle ils jouiront desd. huit cent livres de rente jusques à l'actuel remboursement de lad. somme si mieux ils n'ayment s'en rendre adjudicataires. Ouy le rapport du sieur de Phélipeaux de Pontchartrain, conseiller ordinaire au Conseil royal, controlleur général des finances, Le Roy en son conseil a ordonné et ordonne que par le sieur de Bouville, conseiller en ses conseils, maître des requestes ordinaire de son hostel, commissaire départi en la généralité de Limoges, il sera engagé et aliéné, à ceux des habitans de la ville de Tulle et autres qui voudront advancer la somme de quatorze mil quatre cens livre, huit cens livres de rente faisant portie des biens patrimoniaux dont ils jouiront jusques à leur actuel remboursement de lad. somme de quatorze mil quatre cens livres par préférence à toutes autres charges ordinaires et extraordinaires de lad. ville. Fait au Conseil d'Estat du Roy, donné à Versailles le 27ᵉ jour du mois de décembre l'an de grâce 1689 et de nostre règne le 47ᵉ. — Signé : Par le Roy : De Laistre. Collationné.

(Suivent les lettres royaux, du même jour, chargeant l'intendant de la généralité de Limoges de l'exécution de l'arrêt du Conseil.) (1).

André Jubert de Bouville, chevaillier, marquis de Bésy, conseiller du Roy en tous ses conseils, maistre des requestes de son hostel, intendant en la généralité de Limoges.

Sa Majesté ayant par arrest de son conseil d'estat du 27ᵉ décembre dernier, ordonné qu'il seroit par nous engagé et aliéné à ceux des habitans de la ville ou autres qui voudroint advancer la somme de quatorze mil quatre cens livres, huit cens livres de rante faisant partie des biens patrimoniaux de lad. ville dont ils jouiront jusqu'à leur entier ramboursement de lad. somme par préférance à toutes autres charges ordinaires et extraordinaires de lad. ville, nous aurions le 11ᵉ janvier ensuivant rendu nostre ordonnance portant que led. arrest seroit exécuté selon sa forme et teneur et en conséquence qu'il seroit par nous le 30ᵉ du mois de janvier, et en nostre hostel au fauxbourg de l'Houmeau de la présant ville, procédé à lad. aliénation et qu'à cet effet toutes les publications et affiches nécessaires seroint faites et aux lieux et endroits ordinaires de la ville de Tulle ; en vertu de laquelle ordonnance lesd. publications et affiches aiant esté faites par Laval, sergent royal, le 16ᵉ dud. mois de janvier, avec assignation à ceux des habitans qui voudroint acquérir desd. rantes à comparoir par devant nous led. jour 30 janvier dernier ; auquel jour il seroit seulement comparu le sieur maire de lad. ville, qui nous auroit requis vouloir remettre lad. aliénation au jour d'huy 4 mars pour donner plus de temps aux habitans de faire de l'argent pour acquérir desd. rantes, ce que luy aiant octroyé il seroit ce jour d'huy, 4ᵉ du mois de mars, comparu par devant nous intendant susd., en nostred. hostel, le sieur maire chargé de procuration des particuliers cy-après nommés, lequel aud. nom nous a déclaré qu'ils vouloint bien se rendre adjudicataires des portions des revenus de la ville ; Scavoir : M. Estienne Teyssier, sʳ du Masmazel, pour la somme de cinq cens livres ; François Soloyte, receveur des décimes, pour trois cens livres ; Jean Joseph Duron, pour deux cens

---

(1) Ces lettres sont inutiles à transcrire.

livres; François Laselve, marchand, pour deux cens livres; Rouffye, tondeur, pour cinquante livres; Pierre Ludière, marchand, pour cents livres; Jean-Baptiste Ludière, marchand, pour cent livres; Antoine Lagarde, marchand, pour deux cens livres; Eymard Lacombe, marchand, pour deux cent cinquante livres; Blaise Jarrige, marchand, pour deux cens livres; la demoiselle de Peyrelade, femme au sr Brossard du Pont, pour quatre cens livres; Me François Maillerode, prêtre, pour cent livres; Joseph Dumirat, sr de la Tour, pour trois cens livres; Nicolas Béronie, me papetier, pour trois cens livres; demoiselle Jeanne du Monteil, veufve, pour trois cens livres; Me Estienne Pastrie, prestre, pour six cens livres; Jeanne de Lagarde, veufve de Sudour, pour deux cens livres; Me Hiérosme de Lagarde, advocat, pour cent vingt livres; demoiselle Martine de Chabanes, veuve de Vaurillon, advocat, pour deux cent cinquante livres; Nicolle Vergne, veufve de Darluc, pour trois cens livres; Joseph Dugal, marchand, pour cent livres; Estienne Jarrige, advocat, pour cent cinquante livres; Martial de Borderye sieur de Chadepeau, pour cinq cens livres; Géraud Lacombe, pour cinquante livres; Anne Fraysse, veufve de Gendre, pour cent cinquante livres; Julien Faugeyron, procureur, pour cent livres; François Eyrolles, procureur, pour soixante livres; François Deval, bourgeois, pour cent cinquante livres; Anne Levet, pour cent quatorze livres, 14 sols, 6 deniers; messieurs les directeurs de l'hospital général pour deux mille livres. Toutes lesquelles sommes revenant ensemble à celle de huit mille deux cent quarante quatre livres, quatorze sols, six deniers; led. sieur maire nous auroit requis pour lesd. particuliers de leur vouloir aliéner quatre cent douze livres cinq sols deux deniers de rante à prendre, scavoir celle de cent livres sur le revenu de la prébende préceptorialle par MM. les directeurs de l'hospital général et celle de trois cent douze livres, cinq sols, deux deniers à prendre par lesd. particuliers sur les estaux appartenant à lad. ville, pour la somme de huit mil deux cens quarante quatre livres quatorze sols, six deniers (1). Sur quoy, Nous Intendant, susd. n'aiant trouvé d'autre moiens, de concert avec led. maire, pour achever le payement de treize mil cinq cens livres, à quoi monte la levée de neuf compagnies

---

(1) Dans le compte des consuls pour 1693, la dette de la ville se trouve réduite à un service d'intérêts de 263 livres, quatorze sols, sur le pied de cinq pour cent. Les créances de François Laselve, 200 l.; Eymard Lacombe, 250 l.; Etienne Pastrie, 600 l.; Jérôme Lagarde, 120 l.; Anne Levet, 114 l., 14 s., 6 d., ont disparu. — On y trouve pour nouveaux créanciers : Le sr de Laubertye, 120 liv., Baluze, 114 l., Vve Lacombe, 150 l.; Lagarde, consul, 10 l.

d'infanterie que lad. ville a offert au Roy et qu'il a eu la bonté d'agréer, nous avons en conséquence dud. arrest du Conseil d'Estat du 27° décembre dernier, engagé et aliéné quatre cens douze livres, cinq sols, deux deriers pour lesd. huit mil deux cens quarante quatre livres, quatorze sols, six deniers que les particuliers cy-dessus nommés ont avancé pour lad. ville de Tulle à prendre sur les revenus des estaux des bouchers et prébende préceptorialle appartenant à lad. ville. Ordonnons qu'ils en jouiront chacun à proportion des sommes qu'ils ont payées, à commencer de ce jourd'huy jusques à leur actuel remboursement de lad. somme de 8 244 l., 14 s., 6 d., par préférence à toutes autres charges ordinaires et extraordinaires d'icelle ville. Fait en nostred. hostel, au faubourg de l'Houmeau de cette ville d'Angoulesme, le 4° mars 1690. Signé à l'original : Jubert, et plus bas par Monseigneur, Béchade.

III. — ÉTAT DU RÉGIMENT DE TULLE

(Du 20 octobre 1692)

Nous Marquis de Saulvebœuf, colonnel du régiment de Tulle, certifions avoir assemblé, en conséquence de l'ordonnance du Roy du 24 septembre dernier qui nous a esté remise en nos mains, de ce jour 20 octobre, concernant les semestres, tous les capitaines, lieutenans et enseignes dud. régiment, lesquels sont convenus à la pluralité de leurs voix comme s'en suit.

Messieurs les officiers qui s'absenteront pendant le semestre :

CAPITAINES :

Messieurs :
  Champaignac
  Sainte-Fortunade
  La Coutancerie
  Dufresse
  Dufau
  Cercé

LIEUTENANTZ :

Messieurs :
  Le chevalier des Bouchaux
  Rochemarq
  Bellefon
  Lavelane
  Le Biquord
  Jaubertie.

ENSEIGNE :

Latour.

Etat des officiers qui restent à la garnison pendant le semestre :

CAPITAINES

Messieurs :
- Desbouchaux
- Béchadie
- Lavalade
- Compréniac

LES CAPITAINES ABSENTZ

Messieurs :
- Permangle.
- Lusson, ayant eu une compagnie à remettre, s'en est allé en recrue.
- Lambertie, absent.

LES LIEUTENANTZ

- La Boissière, lieutenant de la colonnelle.
- Le chevalier de Jourdain, lieutenant de Champaignac.
- Lavergnie, lieutenant de Sainte-Fortunade.
- Descombes, lieutenant de la Coutancerie.
- Dupuy, lieutenant de Dufresse.
- Cléré, lieutenant de Dufau.
- Dudon, lieutenant de Lambertie.
- Saint-Sornin, lieutenant de Permangle.
- Mésière, lieutenant de Compréniac.

LES OFFICIERS DE L'ESTAT MAJOR QUI RESTENT

Messieurs :
- Le marquis de Sauveboeuf, colonel.
- Desvarenne, lieutenant colonel.
- La majorité vacquante.
- Le chevalier de Fénix, aide major, absent.

Fait et arresté ce vingtiesme du mois d'octobre mil six cent quatre vingtz douze et ont signé comme s'ensuit : Signé Desvarenne, lieutenant colonel, Desbouchaux, Coutancerie, Dufau, Lavalade, Champaignac, Sainte-Fortunade, Dufresse, Cercé, Jaubertie, Le Biquord, Dupuy, Descombes, de Lavelane, Latour.

SAULVEBOEUF.

www.ingramcontent.com/pod-product-compliance
Lightning Source LLC
Chambersburg PA
CBHW070450080426
42451CB00025B/2520